Erweiterte Anleitung Zum Mining Von Kryptowährungen

Inhalt

Warum sollte man sich für das Mining von Kryptowährungen entscheiden? 5

Wie werden Kryptowährungen geschürft? 11

Was Sie beim Mining von Kryptowährungen beachten sollten 13

Die Daten zur Messung der Rentabilität des Mining von Kryptowährungen 16

Die Rolle von Rentabilitätsrechnern 20

Die grundlegenden Tricks für das Mining von Kryptowährungen 25

Die Voraussetzungen für das Mining von Kryptowährungen 28

Schafft der Besitz von Kryptowährungen Interesse? 35

Wie man die Kryptowährung zum Mining auswählt 38

Alles über einen Mining-Pool 41

Ist es rentabel, allein oder mit anderen zu schürfen? 42

Was die Web Miners darstellen 47

All das Cloud Mining erzeugt 50

Die beliebtesten Methoden zum Mining von Kryptowährungen 53

Wie man mit dem Mining von Kryptowährungen Geld verdienen kann 56

Wie viel kann man mit dem Mining von Kryptowährungen verdienen? 58

Wie man Ethereum schürft 59

Was Sie zum Mining von Zcash benötigen 72

Die Tricks zum Mining von Monero über Ihren Computer 77

Ist Bitcoin-Mining schwierig? 85

Die Kühnheit, mit Kryptowährungen weitere Einkommensquellen zu erschließen, ist heutzutage eine häufige Einstellung, da es sich dabei um ein effektiveres Finanzprodukt handelt als bei den traditionellen, dank der lang- und mittelfristigen Renditen, die sie bieten, weshalb sie in jeder Hinsicht eine produktive Wahl sind.

Ein wichtiger Schritt in der Welt der Kryptowährungen ist das Mining, auch wenn es zu Beginn eine Aktivität und ein Konzept darstellt, das schwer zu verstehen oder zu messen ist. Daher sollten Sie sich mit diesem Thema befassen, um das Potenzial dieses Weges zusammen mit allen Faktoren, die auf finanzieller Ebene dahinter stehen, zu quantifizieren.

Warum sollte man sich für das Mining von Kryptowährungen entscheiden?

Ein grundlegendes Fundament, um das Mining von Kryptowährungen zu verstehen, ist die Rentabilität, denn sie ist ein Element, das Ihnen, wenn es gemessen wird, zeigt, welche Art von Finanzinstrument dies darstellt, so dass Sie sich ein Bild davon machen können, ob es eine praktikable Methode ist oder nicht, und vor allem können Sie die Rentabilität dieser Option selbst analysieren.

In der Welt der Kryptowährungen müssen Sie jedoch davon ausgehen, dass kein Weg zu 100 % effektiv ist und auch keinen absoluten Genauigkeitsgrad darstellt, obwohl Sie in diesem Fall Kryptowährungsrechner verwenden können, um zu schätzen, was das Mining darstellt, solange Sie Kriterien hinzufügen, die wichtig sind, um dieses Element zu messen.

Um dieses Medium weiter zu erforschen, muss man sich mit allen Eigenschaften der virtuellen Währungen auseinandersetzen, denn die schiere Anzahl der Kryptowährungen lädt dazu ein, alles zu erforschen, was sich hinter jeder einzelnen verbirgt, um den vorteilhaftesten Weg zu wählen, was ein wichtiger Punkt ist, um zu wissen, wie man schürft und ihre Rentabilität zu erkennen.

Zum Glück gibt es im Internet verschiedene Rechner, die als Rentabilitätsmesser fungieren, obwohl dieses Konzept letztendlich von Fall zu Fall oder je nach Zweck variiert. Selbst wenn Sie mit dem Abbau beginnen, ändert sich die Rentabilität mit jedem Tag, der vergeht, und diese Punkte können Ihnen helfen, diese Alternative besser zu verstehen:

1. **Was Kryptowährungen darstellen**

Gegenwärtig sind Kryptowährungen vor allem als virtuelles Zahlungsmittel bekannt, da es sich um einen digitalen

Vermögenswert handelt, der nicht berührt werden kann, weshalb er sich deutlich vom traditionellen Finanzsystem unterscheidet, abgesehen von der Tatsache, dass die Transaktionen durch verschlüsselte Überweisungen durchgeführt werden.

Wenn Sie in ein Geschäft oder ein Restaurant gehen, können Sie unbesorgt mit jeder Kryptowährung bezahlen, die Sie besitzen. Das bedeutet, dass es sich um eine Zahlungseinheit handelt, die autonom reguliert wird, deshalb ist sie anders und unterliegt keiner Kontrolle durch eine Zentralbank oder eine staatliche Einrichtung.

Diese Art von dezentralisiertem Finanzprodukt bedeutet, dass der Preis oder der Wert von keiner Bank geändert wird, aber die Bewegungen sind anfällig für Peer-to-Peer-Börsen, so dass es sich um einen Wert handelt, der nicht von den Banken auferlegt wird, da er dem Effekt folgt, der durch das Gesetz von Angebot und Nachfrage verursacht wird.

Es handelt sich um ein finanzielles Ökosystem, in dem es keine riesigen Inflationen gibt, so dass der Wert, der auf dem Markt vorhanden ist, nicht manipuliert werden kann, da die Nutzer selbst diese Werte erzeugen.

Es muss klar sein, dass die Nutzer nicht nur die volle Kontrolle über P2P haben, sondern dass ihre Rolle in der Geldschöpfung liegt, da sie für die Schaffung der Kryptowährungen verantwortlich sind, indem sie den Mining-Prozess durchführen, der im Gegenzug eine Belohnung erzeugt.

Das heißt, Miner können damit rechnen, einige Einheiten dieser Art von Währung zu erhalten, solange sie sich aktiv um das Mining kümmern, damit die Kryptowährung als eine Art Preis über Wasser bleibt.

2. Die Zuverlässigkeit des Bergbaus

Mining ist eine legale Praxis mit einem hohen Maß an Sicherheit, aber es erfordert einige Überlegungen, wie z. B. die Bildung eines starken Passworts, damit die Vermögenswerte oder Kryptowährungen geschützt werden können, ohne dabei zu vergessen, dass die Legalität eintritt, wenn beide Parteien eine Transaktion erzeugen.

Das bedeutet, dass die Verwendung von Kryptowährungen jedem Nutzer selbst überlassen bleibt und auch von der Art der Kryptowährung und der Bereitschaft beider Parteien zum Austausch abhängt, so dass der Vermögenswert durch die von den Parteien selbst erzeugte Verwaltung in Umlauf gebracht wird.

3. Bestehende Kryptowährungen

Es gibt heute viele Kryptowährungen, so dass die Berechnung und den Vergleich der Rentabilität der einzelnen ist eine komplexe Aufgabe, plus jeder hat seine eigene Unterscheidung, um Einkommen zu produzieren, so dass sie nicht die gleiche Rentabilität, wie es ein logischer Punkt ist, und bewirkt, dass es ein Muss sein, um gründlich zu lernen, die man zu kaufen und die man zu halten.

Die Beratung über Kryptowährungen erfolgt nur, wenn Sie eine vorherige Recherche durchführen, entweder mit den populärsten wie Deeponion, Lifecoin, Dash, Dogecoin, Monero und anderen, das Wichtigste ist, dass Sie mit Hilfe von einigen spezialisierten Portalen über jede einzelne recherchieren können.

Eine Anlage zu finden, die rentabel ist, ist eine besondere Aufgabe oder Anstrengung, aber sie kann durch die Hardware, die Sie besitzen, gefiltert oder bestimmt werden, da Bergbauausrüstung oder -werkzeuge nicht leicht zu bekommen sind und Sie sich für eine Anlage entscheiden müssen, die zuverlässig ist, während Sie immer noch den idealen Zeitpunkt für den Kauf erwischen.

Wenn Sie erkennen wollen, welche Kryptowährung Sie kaufen sollen, müssen Sie sich darüber informieren und so viel wie möglich über den Vermögenswert herausfinden, aber konzentrieren Sie sich nicht auf seine Rentabilität zu einem bestimmten Zeitpunkt, sondern auf das Projekt, das dahinter steht, und was es bedeutet.

4. Der Vorgang des Minings von Kryptowährungen

Das Mining von Kryptowährungen ist eine Möglichkeit, sich an der Schaffung von Coins zu beteiligen und dafür eine Belohnung oder Bezahlung zu erhalten, wie z. B. einen Anteil an den Coins, und kann daher als eine Art Belohnung bezeichnet werden, da Miner diese erhalten können, ohne die Anlageklasse kaufen zu müssen.

Ohne irgendeine Operation mit Kryptowährungen durchführen zu müssen, können Sie Inhaber von Kryptowährungen sein, weshalb das Mining unabhängig von der Art der Kryptowährung, für die Sie sich entscheiden, ähnlich abläuft, obwohl der Prozess je nach Projekt völlig unterschiedlich ist.

Wie werden Kryptowährungen geschürft?

Für das Mining von Kryptowährungen ist es notwendig, einige mathematische Berechnungen mit Hilfe von Rechenleistung durchzuführen, da Sie Ihren Computer P2P-Netzwerken zur Verfügung stellen, die für die Durchführung von Berechnungen verantwortlich sind und dadurch Transaktionen verarbeiten, bis die Blöcke versiegelt sind.

Sobald eine Transaktion einer Kryptowährung durchgeführt wird, wird ein Block gebildet, der versiegelt werden muss. Damit dies geschieht, müssen mathematische Berechnungen von einigen Computern durchgeführt werden, die 24 Stunden am Tag, jeden Tag mit ständiger Verbindung und Abdeckung der Zeit arbeiten.

Der oben beschriebene Prozess kann nicht allein mit einem Laptop, geschweige denn mit einem alten Basiscomputer abgedeckt werden, sondern eine der Grundvoraussetzungen ist die Durchführung des Mining-Prozesses mit leistungsstarken High-End-Geräten, da die Leistungsanforderungen des Mining-Prozesses hoch sind.

Leistungsstarke Bergbauausrüstungen kosten im Durchschnitt 1.000 Euro, da sie spezielle Geräte wie ASICs (Application Specific Circuits) benötigen, die aufgrund ihrer hohen

Leistung oder ihrer Reaktionsfähigkeit für den Bergbau entwickelt wurden.

In dieser Welt kann man Menschen finden, die sich darauf einigen, eine Kryptowährung zu schaffen, da es etwas ist, das durch Mining möglich ist, entweder durch Pool oder kooperativ, unabhängig von der Modalität, arbeiten die Teilnehmer auf die gleiche Weise, um Belohnungen zu erhalten.

Die größte Garantie im Bergbau ist, dass, wenn Sie die Macht zu arbeiten haben, werden Sie in der Lage sein, zu finden und erhalten die Belohnungen, die Sie suchen, wie es die Formel, durch die Sie einen Block zu lösen und bekommen, was Sie wollen, ist es nicht eine Voraussetzung, um Teil eines Pools oder die Einrichtung einer Genossenschaft zu minen.

Die Schaffung von Kryptowährungen ist auch möglich, ohne Teil einer Genossenschaft zu sein, obwohl die Entscheidung für einen unabhängigen Weg bedeutet, dass zusätzliche oder zusätzliche Kosten getragen werden müssen, für all das, was Miete und die genaue Zahlung zur Erreichung von Gewinnspannen bedeutet.

Was Sie beim Mining von Kryptowährungen beachten sollten

Um am Mining von Kryptowährungen teilzunehmen, sollte man die nötige Überzeugung nicht außer Acht lassen, da der Einstieg für jeden ein zögerlicher Schritt sein kann, ohne jedoch die Anforderungen zu ignorieren, die an dieses Medium gestellt werden, denn man kann zwar in die beste Ausrüstung investieren und entschlossen sein, aber dennoch ist die Rentabilität sehr unterschiedlich.

Bei jeder Kryptowährung variiert das Rentabilitätsniveau, zusammen mit den Auswirkungen anderer Faktoren, die letztendlich ausschlaggebend dafür sind, dass diese Aktivität zu Ergebnissen führt; in diesem Sinne stechen die folgenden Punkte hervor:

- Schätzung von Ausrüstung und Kosten in Kombination.
- Der Wettbewerb, der um das Mining dieser Art von Kryptowährung besteht.
- Der Strompreis und die Art des Energieverbrauchs, wenn ein 24-Stunden-Anschluss unterhalten wird.
- Das Abbauverfahren muss den Vorteil haben, dass es die von der Anlage benötigte Kühlung und die Art der benötigten Energie berücksichtigt.

- Die Rendite, die die Kryptowährung zu diesem Zeitpunkt bietet.
- Die Art der Kryptowährung, die Sie schürfen möchten, ist von Kryptowährung zu Kryptowährung unterschiedlich.

Diese Art von Faktoren wirft die Frage nach der Rentabilität von Kryptowährungen auf, die jedoch nicht einfach zu definieren ist. Sie erfordert eine gründliche Untersuchung des aktuellen Moments, der Fakten, die sich in der Gegenwart ergeben können, und das ist es, wie sich das Einkommen, das Sie durch Kryptowährungen verdienen, manifestiert.

Der Energieaufwand ist ein weiterer Maßstab dafür, wie viel man verdienen kann, und nicht zu vergessen die Höhe der Investitionen, die man in die Hardware zur Durchführung der Mining-Prozesse tätigt. Aus all diesen Punkten ergibt sich eine Variable für die Rentabilität, die aber immer davon abhängt, was man investieren kann oder was für einen selbst rentabel ist.

Um keinen Aspekt zu übersehen, ist es unerlässlich, spezielle Rechner zu verwenden, da sie als Werkzeug funktionieren, das jede Information verarbeitet, und es sind diese Art von Kriterien, die bestimmen, ob es sich lohnt oder nicht, und im Laufe der Zeit die Kosten für Strom oder Elektrizität markieren auch einen klaren Weg auf die Rentabilität.

Darüber hinaus müssen Sie die Frage der Kühlung und die Notwendigkeit zusätzlicher Ausrüstung einbeziehen, um sich von der Konkurrenz abzuheben, aber um ein optimales Gewinnniveau zu erreichen, ist die Hauptsache, die Art der Kryptowährung zu wählen, die Sie schürfen wollen, denn es bedeutet nicht für alle die gleiche Rentabilität.

Auch die Rendite einer Kryptowährung ist nicht von einem Tag auf den anderen gleich, und dasselbe gilt für eine Woche. Deshalb sind Rechner eine Möglichkeit, um herauszufinden, ob es sich lohnt oder nicht, aber man muss über die notwendigen Daten verfügen, um diese Berechnungen korrekt durchzuführen.

Wenn Sie die Daten zur Messung der Produktivität genau verfolgen wollen, sollten Sie sich für eine manuelle Berechnung entscheiden, damit Sie das Beste aus diesen Instrumenten machen können, da Sie die Informationen, die Ihnen über die Leistung dieser Bergbautätigkeit zur Verfügung stehen, gut nutzen können, aber unter zuverlässigen Maßnahmen, die ein genaues Ergebnis liefern.

Die Daten zur Messung der Rentabilität des Mining von Kryptowährungen

Wenn Sie die genaue Rentabilität der Kryptowährung Bergbau messen wollen, müssen Sie mit Daten, die zuverlässig ist, wie die Rechner zu erhalten und arbeiten mit dem Fill-in-the-Blanks oder Kriterien, und verstehen, dass jede Kryptowährung hat seine eigene Rentabilität, aber die Quintessenz ist, dass es für Sie ist.

Beim Mining von Kryptowährungen kann es Nutzer geben, die entweder einen Computer verwenden, der vollständig von der Zahlung von Strom abhängig ist, weil sie das Angebot eines anderen nutzen, für das sie nicht bezahlen müssen, und in dieser Art von Situation ist ein größerer wirtschaftlicher Nutzen zu erzielen, ist ein viel deutlicheres Beispiel, das zeigt, wie jedes Detail eine Auswirkung hat.

Die entscheidenden Elemente für die Messung der Rentabilität des Mining von Kryptowährungen sind die folgenden:

1. **Hash-Rate**

Dies ist eines der wichtigsten und bestimmenden Elemente des Kryptowährungs-Minings, es ist eine Art von Hash-Rate, die verwendet wird, um die Maßeinheit der Leistung darzustellen, mit der Kryptowährungen verarbeitet werden, dies ist eine der einfachsten Definitionen und Sie sollten sie vollständig beherrschen.

Dieser Wert gibt an, wie viele Rechenoperationen ein Mining-Gerät durchführen kann. Wenn Sie diese Art der Hochrechnung nicht kennen, können Sie online zu diesem Thema recherchieren, um sie zu vergleichen oder das Modell Ihres Geräts mit dem Begriff "Hash-Rate" oder "Mining" in Verbindung zu bringen, damit Sie Hilfe erhalten.

2. **Elektrizitätsmenge oder -bedarf**

Die Art der Strommenge bezieht sich auf den Stromverbrauch der Geräte, die Sie für das Mining verwenden, da es sich um eine Tätigkeit handelt, die nicht mit einem billigen Laptop oder einem Gaming-Tablet durchgeführt werden kann, sondern mit wirklich leistungsstarken Geräten, die einen hohen Stromverbrauch haben.

Darüber hinaus bedeutet die Art der Überhitzung, die an den Geräten auftritt, dass Sie die Stromkosten und die Überlegung, eine Klimaanlage in den Raum einzubauen, damit es keine Einschränkungen aufgrund dieses Problems gibt, berechnen müssen.

3. Kosten für Strom

Diese Maßnahme hängt ganz von der Art der Gebühr ab, die Sie auf dem Grundstück, auf dem Sie Kryptowährungen schürfen, zu entrichten haben. Die Zahl hängt davon ab, was Sie verbrauchen, da dies zu Veränderungen des Preises und gleichzeitig der Produktivität dieser Tätigkeit führt, da es sich um eine kontinuierliche Aktion handelt, die im Laufe der Monate variiert.

Was Sie für Strom bezahlen, sollte in die Rentabilitätsmessung einbezogen werden, bei der sich der Anstieg oder Rückgang des Verbrauchs schließlich im Kryptowährungshandel niederschlägt.

4. Kosten der Hardware

Unabhängig davon, ob man einmalig in Hardware investiert, zählt immer noch, was man ausgibt oder investiert. Was man im Moment ausgibt, sollte also auch langfristig gemessen werden, um den Nutzen jedes Geräts zu bestimmen, unabhängig davon, ob es sich um eine einmalige oder ständige Zahlung handelt, es ist eine ähnliche Variante wie beim Gaming, wo Upgrades ein Muss sind.

5. Pool-Tarif

Das Mining von Kryptowährungen muss auf verschiedene Arten erfolgen, das bedeutet, dass der Pool-Modus nicht der einzige ist, aber wenn Sie sich für diesen Weg entscheiden, ist es notwendig, die Pool-Gebühr einzubeziehen, bei der ein zu deckender Prozentsatz entsteht, und dieser wird auf den Daten des Rechners verlangt.

6. **Software-Kommission**

Die Software-Gebühr ist ein weiterer Faktor, der in den Rechner einfließen sollte, auch wenn er als Vergleichspunkt verwendet wird, ist er kein zwingender Aspekt, um ein Ergebnis oder ein Maß für die Rentabilität zu erhalten.

Sobald diese Elemente hinzugefügt werden können, wird jeder Rechner automatisch ein Ergebnis liefern, insbesondere unter Berücksichtigung der Art der Kryptowährung, die Sie gewählt haben, und den Wert, den sie hat, aber innerhalb dieser Elemente sollten Sie nicht vergessen, die Schwierigkeit dieser Art von Mining, bis es mit der Belohnung abgestimmt ist.

Dies ist der Weg, um die Rentabilität einer digitalen Währung zu sehen, und vor allem die Klarheit, um andere Alternativen zu bevorzugen, die bequemer sind, um Ihre Renditen zu erhöhen, so dass Sie genau die Schritte folgen, die produktiver sind bei der Investition, so ist es ein Vorteil, den Rechner zu verwenden, um falsche Schritte zu vermeiden.

Ein weiterer Grund, den Rechner zu schätzen, ist, dass er es Ihnen ermöglicht, einen kritischen Punkt über die Art der Kryptowährung, die Sie abbauen möchten, zu bestimmen, d.h. er erleichtert diese Entscheidung insgesamt, da Sie einen genauen und Echtzeit-Blick auf das Mining und die damit verbundenen Schwankungen bekommen.

Die Verwendung des Rechners auf einigen Websites hilft Ihnen bei der Wahl des besten Weges, denn Sie erfahren, welcher Weg der rentabelste ist, wenn Sie die Kriterien zur Bewertung der einzelnen Alternativen eingeben.

Die Rolle von Rentabilitätsrechnern

Jede Website unterscheidet sich in der Gestaltung des Rentabilitätsrechners, aber sie bieten in der Regel die gleichen Funktionen, solange Sie darauf achten, nicht einige Faktoren zu übersehen, da das Ergebnis immer von Ihrem Verständnis dessen abhängt, was mit dem Mining von Kryptowährungen verbunden ist.

Bei einigen Berechnungen wird der Wert der Software nicht empfohlen oder berücksichtigt, obwohl dies ein allgemeiner

Aspekt ist, der ständig wiederholt wird, und die Berechnungsoptionen so angepasst werden, dass Sie die bequemste Art und Weise erhalten, ist das Wesentliche, dass Sie die Rentabilität in Echtzeit berechnen können.

Diese Art des Vergleichs ist vor allem für die ersten Schritte in diesem Bereich nützlich, wenn man nach dem Bergbau sucht, der mehr Boni einbringt, der aber gleichzeitig auch am schwierigsten abzubauen ist, so dass es viele Aspekte gibt, über die man im Vorfeld bei der Analyse dieser Optionen nachdenken sollte:

- **CoinWarz**

Es ist bekannt als eine der Websites, die einen einfachen Zugang generiert, weil Sie nur den Algorithmus auswählen müssen, so dass Sie die Möglichkeit haben, die Abschnitte auszufüllen, die der Rechner hat, zusätzlich hat es aktualisierte Vorschläge über die besten Währungen, so dass Sie eine Idee über die profitablen Währungen von diesem Moment haben können.

Ein weiterer Punkt, der innerhalb dieser Website klassifiziert ist, ist die Höhe des Einkommens oder der Gewinne, die durch das Mining dieser Kryptowährung entstehen, klicken Sie einfach auf eine der Kryptowährungen, um die Preisgrafik anzuzeigen, oder Sie können einfach direkt in die benutzerdefinierte Berechnung Ihrer Daten.

Das Wertvollste ist, dass diese Ergebnisse vorteilhafte Ergebnisse generieren oder aufdecken, um jede Gelegenheit zu nutzen oder auf der Grundlage der geschätzten Gewinne zu entscheiden, ist die Verwendung dieser Art von Tool sehr einfach, vor allem, weil es nicht nur auf einen Rechner beschränkt ist, sondern Abfragen zu jeder Kryptowährung bietet.

Normalerweise sind beliebte Kryptowährungen wie Litecoin Mining Calculator, Ethereum, Dash, Zcash, Monero und andere auf der Website aufgeführt, Sie müssen nur die Kriterien ausfüllen und je nach Kryptowährung wird die Berechnung der Art des Verdienstes, auf den Sie zugreifen können, erstellt.

- **CryptoCompare**

Es ist als einer der besten Kryptowährung Rentabilitätsrechner anerkannt, aufgrund der breiten Verfügbarkeit von Münzen, durch die Haupt-Website können Sie verschiedene Münzen zusammen mit dem Preis zu visualisieren, ohne zu verlassen, dass es ein informatives Portal für die Veröffentlichung von Nachrichten und Tipps ist.

Dieses Tool ist interessant, weil die Daten auf bequeme und informative Weise präsentiert werden, so dass jeder Benutzer sie erkennen kann. Gehen Sie dazu einfach in die Rubrik "Märkte", die sich oben im Menü befindet, und geben Sie dort "Bergbaurechner" ein.

Sobald Sie Zugang zum Rechner haben, können Sie Daten wie die Hashing-Leistung, die verbrauchte Energie, die Kosten und auch den Pool-Prozentsatz eingeben, die alle automatisch zusammengestellt werden, um das Ergebnis bis hin zum Wechsel der Kryptowährungen mit einem einzigen Klick oben zu präsentieren.

- **Whattomine**

Anerkannt als eine der interessantesten Websites, um eine Rentabilitätsberechnung vorzunehmen, wurde sie von What-ToMine entwickelt, um vollständige Optionen zu bieten, denn ein Blick auf diese Website bietet eine Menge Informationen über die gefragtesten Kryptowährungen.

Vor jedem Vergleichspunkt können Sie die Kryptowährungen sortieren oder filtern, bis Sie sich entscheiden und den Rechner benutzen, dazu können Sie das Web eingeben und die Währung berühren, auf der die Schätzung vorgenommen werden soll, dies ermöglicht Ihnen einen Abschnitt, um nützliche Informationen wie Werte, Daten und andere Variablen zu berücksichtigen.

Auf die gleiche Weise wird der Rechner Messgrößen wie Hash-Rate, Energie, Kosten und vieles mehr haben. Diese Messgrößen sind diejenigen, die automatisch den Schwierigkeitsgrad des Minings anzeigen, weil der Wert und jedes Detail dieser Aktivität zählt, um zu überprüfen, ob es eine vielversprechende Option auf finanzieller Ebene ist.

Die Beratung über die am meisten empfohlenen Kryptowährungen ist eine Hilfe für Sie, denn Sie können nach diesen Ergebnissen investieren oder eine andere, produktivere Währung ausprobieren, denn die Absicht ist, dass die Bemühungen Gewinne bringen werden.

- **Münzrechner**

Es ist eine Plattform, die den gleichen Betrieb der vorherigen folgt, in der gleichen Weise enthält es die gleichen Funktionen, wo seine Schnittstelle zeichnet sich durch seine saubere und effektive, so dass jeder Benutzer es verwenden können, ist es nicht notwendig, ein Experte zu sein, für diese Alternative werden Sie in der Lage, die Informationen von jeder Kryptowährung zu visualisieren.

Die grundlegenden Tricks für das Mining von Kryptowährungen

Cryptocurrency Mining ist eine gemeinsame Beteiligung, die die Überprüfung von Transaktionen, die auf dem Netzwerk stattfinden, erleichtert, dies funktioniert als Anreiz für die Ausgabe von Kryptowährungen, all dies ist mit der Entwicklung von Algorithmen, wo zwei Algorithmen stehen für das Mining auftreten vertraut:

1. **Bergbau-Algorithmus**

Er wird als Hashing-Algorithmus bezeichnet und ist ausdrücklich der Datenverarbeitung gewidmet, was Mining-Hardware erfordert, die auf dem Mining basiert, das die Kryptowährung Ihrer Wahl einsetzt, insbesondere bei der Verwendung von ASIC-Geräten, die speziell für die Arbeit mit einer einzigen Art von Algorithmus entwickelt wurden.

2. **Konsens-Algorithmus**

Sie hängt mit der Vereinbarung zusammen, die zwischen allen Mitgliedern besteht, d.h. den Knotenpunkten, die in einem Kryptowährungsnetzwerk entstehen, um zu seinem Betrieb beizutragen, denn daraus ergibt sich die Befragung von Transaktionen, die bestimmte Kriterien der Gültigkeit erfüllen, zusätzlich zur Reihenfolge der Blöcke in der Kette und anderen.

Inmitten dieser Algorithmen tauchen einige Merkmale auf, bei denen das Thema Konsens im Vordergrund steht, da es eine beliebte Maßnahme in Kryptowährungsnetzwerken sein sollte, wie zum Beispiel Proof of Work (PoW) und Proof of Stake (PoS).

- **Was wird mit dem Arbeitsnachweis verlangt**

Es ist eine Option, in der sehr wenig Arbeit getan werden muss, weil es nicht Sie selbst, sondern die Art der Hardware, die Sie entscheiden, um die Kryptowährung Sie ausgewählt haben, weil Pow ist bekannt als Proof of Work, was bedeutet, dass es ein Konsens, der Lösungen für ein Rätsel durch mathematische Berechnungen auferlegen sucht.

Ein Miner versucht, auf schnellem Wege die Antwort auf das gestellte Rätsel zu erhalten, um auf diese Weise einen neuen Transaktionsblock auf der Kette hinzufügen zu können. Es ist interessant, weil diese Antworten nicht von zwei Minern gegeben werden, eine Situation, die nicht regelmäßig auftritt.

Das Rätsel, das jedem Block gewidmet ist, erfordert eine spezifische Lösung, um es zu lösen, diese wird zufällig erzeugt, aus diesem Grund ist es nicht etwas, das leicht vorhergesagt werden kann, es ist ein Mechanismus, der die doppelte Ausgabe von jeder Währung verhindert.

Das heißt, Double Spending bezieht sich auf die Tatsache, dass die Kryptowährung, wenn sie einmal transferiert wurde, nicht an eine andere Person zurückübertragen werden kann, als ob sie nicht ausgegeben worden wäre, das Lösen des Rätsels eines Blocks bedeutet, die Belohnung zu bekommen, die es bietet, aber die Herausforderung besteht darin, die Antwort zu bekommen, bevor ein anderer Miner es tut.

Die Hardware muss große Datenmengen verarbeiten, vor allem mit hoher Geschwindigkeit. Daher ist es für Miner unerlässlich, über eine leistungsstarke Ausrüstung zu verfügen, die für das Mining der Kryptowährung ihrer Wahl geeignet ist, weshalb der Arbeitsnachweis als ein beim Mining weit verbreiteter Konsensalgorithmus bekannt ist.

Unter den Kryptowährungen, die diese Methode verwenden, sticht Bitcoin hervor, so dass man diesen Algorithmus beherrschen muss, um ihn abbauen zu können, zusätzlich zur Einbeziehung einer speziellen Software, ebenso gibt es andere digitale Währungen wie Monero, Zcash, Ethereum und andere, im Falle des Ethereum-Netzwerks ist dieser Konsens vollständig entwickelt, aber er ist mit dem Nachweis der Teilnahme verschmolzen, weshalb es sich um ein hybrides Angebot handelt.

Die Voraussetzungen für das Mining von Kryptowährungen

Das Mining von Kryptowährungen erfordert zunächst die Bereitschaft zu lernen, da es ein langer Weg ist, und Geduld als grundlegende Ressource, dann die Konzentration auf die benötigte Hardware und Software sowie Strom und Internet.

Ebenso benötigt jedes dieser Geräte ein Kühlsystem, damit jede Hardware für ihren regulären Betrieb geschützt ist. Neben der Art des Raums, in dem diese Tätigkeit ausgeführt werden soll, ist es am wichtigsten, die Strom- und Internetdienste zu berücksichtigen, da sie stabil sein müssen.

Der Bergbau muss beständig sein, denn wenn eine Anforderung nicht erfüllt wird und die Tätigkeit unterbrochen wird, können Sie nicht den erwarteten Gewinn erzielen, daher sollten Sie die folgenden Punkte berücksichtigen:

- **Die Hardware**

Die Hardware-Betrachtung basiert direkt auf der Ausrüstung, die Sie benötigen, um die gewünschte Kryptowährung zu schürfen. Unabhängig davon, ob es sich um generische Hardware handelt, können Sie Prozessoren und Grafikkarten einbauen, die es Ihnen ermöglichen, sich dem Mining auf besondere Weise zu widmen.

Die Entscheidung über die Art der Hardware hängt von dem Mining-Algorithmus ab, den die von Ihnen gewählte Kryptowährung verwendet, da der Mining-Algorithmus dazu dient, die Regeln festzulegen, nach denen die Verschlüsselung erfolgt, und die Verschlüsselung auch rückgängig zu machen, um auf die Informationen zuzugreifen oder sie zu schützen.

Das bedeutet, dass der Algorithmus bewirkt, dass die Nachricht leicht entzifferbar ist, bis zu dem Punkt, dass die Daten nicht mehr entzifferbar sind. Dies geschieht oder wird entwickelt, um sicherzustellen, dass es unmöglich ist, das gleiche Ergebnis mit einer anderen Art von Nachricht zu wiederholen, also ist es ein Netzwerk, das Sicherheit bietet, so dass keine digitale Währung gefälscht werden kann.

In der Mitte der Art der Hardware, die ein Miner verwenden kann, und die Menge der Algorithmen, die zum Mining verwendet werden können, können Sie einige Beispiele als Referenz folgen, um die richtige Entscheidung über Ihre Ausrüstung zu machen, im Fall von Bitcoin, sollten Sie ASIC-Geräte kaufen, die für das Mining SHA-256-Algorithmus spezialisiert ist.

Wenn Sie Ether schürfen wollen, sollten Sie sich eine dedizierte GPU-Grafikkarte zulegen, ohne dabei die Verwendung eines Computers zu vernachlässigen, der über eine zertifizierte Stromversorgung verfügt, und im Fall von Monero reicht ein guter CPU-Prozessor aus, um das Mining durchzuführen.

- **Die Software**

Es gibt verschiedene Arten von Software oder besser bekannt als Computerprogramme, die beim Mining von Kryptowährungen helfen und ein wesentlicher Bestandteil sind. Im Fall von Monero ist es beispielsweise ein Programm, das der Hardware den Kontakt mit dem Netzwerk ermöglicht, zu dem die Kryptowährung gehört, um sie zu minen.

Derzeit gibt es verschiedene Arten von Software, die sich je nach Art der verwendeten Hardware und auch nach der Art der Kryptowährung, die gemined wird, unterscheiden. Eine der bekanntesten sind CGMiner und Claymore, wobei die erste Option die beliebteste ist, da sie von Bitcoin-Minern verwendet wird.

Im Gegensatz dazu wird die zweite Option wie Claymore für Ether, Zcash und anderes populäres Mining verwendet. Zusätzlich müssen Sie ein Programm haben, um das Verhalten und die Aktionen der Hardware zu überwachen, so dass Sie die Einstellungen oder Konfigurationen übernehmen können, die mit Ihren Präferenzen Hand in Hand gehen.

ASIC-Geräte wie der AntMiner von Bitmain verfügen in der Regel über eine eigene Software, um die Leistung des Geräts zu konfigurieren und zu steuern, während einige Geräte über die GPU minen, indem sie zusätzliche Software wie MSI Afterburner oder GPU-Z herunterladen.

Die Leistungsüberwachung der Mining-Anlage erfolgt über die Website des Mining-Pools, in dem Sie schürfen, oder Sie können das Programm TeamViewer implementieren, so dass Sie von einem externen Gerät aus auf die Anlage zugreifen können.

- **Brieftasche oder Portemonnaie**

Es ist ein Schlüssel Ergänzung, weil es verwendet wird, um Zahlungen zu erhalten, wenn Bergbau, in der Regel wählen

Sie einige Hardware oder kalt wie im Fall von Trezor, KeepKey und andere, sowie einige Anwendung wie Coinomi, Jaxx, Wasabi und andere, aber online ist es auch möglich, dank MyCrypto, Blockchain, unter anderem.

Die Funktion von Cold Wallets ist über ein Geschäft verfügbar, das dieses Finanzinstrument verkauft, das sind vertrauenswürdige elektronische Geräte, während Software-Wallets über die App-Shops heruntergeladen werden, die Sie auf Ihrem mobilen Gerät entweder über den App Store oder den Google Play Store haben.

Eine andere Möglichkeit ist, die offizielle Website der Geldbörse zu bevorzugen, da man so Versionen für alle Arten von Geräten erhält. Online-Geldbörsen sind nach Ansicht von Experten nicht so produktiv, da sie anfällig für Hackerangriffe sind, und das gilt auch für Wechselstuben.

Einige zusätzliche Dienste können als Verwahrer für Kryptowährungsfonds genutzt werden. Dies hilft Ihnen, mit den Risiken eines Angriffs auf die Plattformen zu leben, da der Zugang zu den Kryptowährungen nicht gefährdet werden soll.

Wenn Sie keine privaten Schlüssel für die Brieftasche haben, dann haben Sie keinen Schutz für diese Gelder, was dazu führt, dass sie zu Vermögenswerten werden, die jedem Vorfall ausgesetzt sind, weshalb dies eine Gefahr ist, die Sie nicht eingehen sollten.

- **Kältetechnik und Klimatisierung**

Die Klimatisierung des Geländes ist nicht zu vernachlässigen, da die Bergbauausrüstung aufgrund des hohen Verarbeitungsgrades eine besondere Temperaturkontrolle erfordert, was zu einem Temperaturanstieg führt.

Die Gefahr einer Überhitzung dieser Geräte ist groß, da die Temperatur so hoch sein kann, dass sie zur Verschlechterung des Geräts beiträgt und sogar dazu führt, dass es nicht mehr funktioniert. Um dies zu vermeiden, muss als Erstes die Art der Temperaturgrenze untersucht werden, die die Hardware aushalten kann.

Außerdem sollten Sie die Temperatur ermitteln, die die Ausrüstung während des Abbaus erreicht. Auf diese Weise ist es einfacher, einen Break-even-Punkt für den Abbau zu finden, der auch als Sweet Spot bezeichnet wird, d. h. eine Gelegenheit zum Abbau, bei der die Ausrüstung vor Überhitzung geschützt ist.

Um eine Überhitzung der Hardware zu vermeiden, muss man sich zunächst Gedanken über die Kühlung des Raums machen, in dem die Geräte aufgestellt werden, und Klimageräte wie Ventilatoren oder Wärmeabzüge einbauen, wobei wichtig ist, dass sie mit den von Ihnen verwendeten Anlagen kompatibel sind.

Auf der anderen Seite ist die beste Art und Weise, Ihre Geräte zu kühlen, die Verwendung von Flüssigkeitskühlsystemen, da dies eine wirksame Methode ist, um eine ordnungsgemäße Wartung zu gewährleisten, die in Kombination mit der Kühlung eine rechtzeitige Reaktion auf die Arbeit des Bergbaus ist, aber es hängt auch von der Konfiguration ab, die Sie implementieren.

Das heißt, die Konfiguration, die für den Abbau verwendet wird, hat viel mit der Leistung zu tun, die den Wärmeabziehern zugewiesen wird, die Teil der Hardware sind, zusätzlich zur Verarbeitungsleistung ist ein weiterer Faktor, der geschätzt werden muss, manchmal für das Wohlergehen des Mining-Gerät, kann es ratsam sein, die Mining-Leistung zu reduzieren.

Während des Abbaus sollen die Anlagen so lange wie möglich ohne Unterbrechung laufen. Sie müssen also ihre maximale Kapazität erreichen, ohne dass es zu vorzeitigen Ausfällen kommt, die Ihr Einkommen gefährden könnten.

Schafft der Besitz von Kryptowährungen Interesse?

Die Verzinsung eines Kryptowährungsfonds ist möglich, wenn er als Protokoll funktioniert, da das Belohnungssystem für das Mining von Kryptowährungen den Teilnehmern Belohnungen für die Anhäufung und das Halten von Vermögenswerten aus einem ausgewählten Netzwerk zuteilt.

Der Zweck dieses Prozesses ist es, die Validierung von Transaktionen zu unterstützen, und wird als Proof of Stake (PoS) bezeichnet. Dieses Protokoll erfordert keinen hohen Energieverbrauch in Bezug auf die Transaktionsvalidierung und die Erzeugung neuer Kryptowährungen.

Die Bedeutung der Durchführung der Proof of Participation ist, dass Sie eine Reihe von Kryptowährungen zu akkumulieren, und aus diesem Grund ist es eine Aktivität, die als Mining eingestuft wird, wenn Sie ein Validator in dieser Art von Netzwerk mit PoS sein wollen, müssen Sie Kryptowährungen, die Sie für diese Aktivität zu entsorgen haben.

Nachdem Sie über die Kryptowährungen verfügen, müssen Sie sie in der Blockchain blockieren. Auf diese Weise können Sie bestätigen, dass Sie diese Mittel für keinen anderen Zweck als die Validierung der Transaktionen verwenden werden, und dies ist wie eine Richtlinie, so dass Sie eine Verpflichtung und Sicherheit haben, um eine gute Leistung im Netzwerk zu erhalten.

Wenn Sie eine unverantwortliche oder schädliche Aktion, können Sie alle digitalen Münzen zu verlieren, so dass der Druck hilft Ihnen, gut zu handeln, im Falle des Validators Knoten Auswahl wird auf die nächste Blockchain, die in einem semi-zufällige Weise funktioniert hinzugefügt werden.

Je mehr Kryptowährungen Sie für diesen Zweck bestimmen, desto höher sind die Chancen, ausgewählt zu werden, d. h. Sie werden mehr Geld generieren. Die Beliebtheit dieser Art des Minings ist der Grund für die Verwendung von PoS bei Kryptowährungen wie Peercoin, PIVX, Lisk und anderen sowie für eine umweltbewusstere Praxis.

In bestimmten Netzen, in denen PoS zum Einsatz kommt, wird PoW auch als hybride Kombination implementiert, wie dies beispielsweise bei Decred oder Dash der Fall ist; dies ist ein zu berücksichtigender Hinweis.

- **Die Voraussetzungen für das Mining von Kryptowährungen mit PoS**

Die Validierung von Transaktionen durch PoS erfordert keinen hohen Stromverbrauch, vor allem wenn Sie BTC, ETH und ZEC minen möchten. Im Falle des Erwerbs von spezieller Hardware müssen Sie sich keine Sorgen machen, da dies nicht erforderlich ist: Mit einem normalen Computer und einer Festplatte, die die Kopie der Blockchain unterstützt, sowie einem stabilen Internet sind Sie in der Lage zu minen.

Sie müssen keinen ganzen Knoten verwalten, um mit Kryptowährungen, die PoS verwenden, Geld zu verdienen, und es gibt Pools für die Arbeit mit diesen Arten von Kryptowährungen, die ähnlich wie Proof-of-Work-Mining-Pools funktionieren, da sie die Gewinne entsprechend der Beteiligung der einzelnen Teilnehmer verteilen.

Es kann jedoch besondere Anforderungen geben, die für jedes Netzwerk spezifisch sind, und wenn Sie sich für ein bestimmtes Netzwerk entscheiden, kann es notwendig sein, sich um die Wartung der Validierungsknoten zu kümmern, obwohl es sich dabei in der Regel um Regeln handelt, die geschaffen wurden, um die Sicherheit und Skalierbarkeit der Wertpapiere zu gewährleisten, sowie um die Erwartungen, die hinter jeder Kryptowährung stehen.

Durch die StakingRewards.com Verdienstrechner, können Sie einige Annäherungen über die Preise der cryptocurrency Markt zu finden, dh es ermöglicht Ihnen zu wissen, wie viel ein Validator Knoten ist wert nach den Einheiten gesperrt, und dies bewirkt, dass Sie die Art der Erträge auf einer jährlichen Basis zu erhalten wissen.

Wenn Sie eine Rolle als Validator-Knoten im Qtum-Netzwerk übernehmen, können Sie beträchtliche jährliche Einnahmen erzielen, aber diese Zahlen ändern sich je nach dem Wert der Kryptowährungen, mit denen Sie arbeiten, insbesondere in einem volatilen Markt.

Wie man die Kryptowährung zum Mining auswählt

Ein zentraler Punkt, der Zweifel an der Rentabilität des Minings von Kryptowährungen aufkommen lässt, ist das Angebot jeder einzelnen Währung, d. h. die Frage, wie das Interesse und die Produktivität dahinter gemessen werden können, und dies kann dank einiger Schlüsselvariablen wie dem aktuellen Preis der Kryptowährung auf dem Markt gemessen werden.

Hinzu kommen die Stromkosten in dem Gebiet, in dem Sie Kryptowährungen schürfen, ganz zu schweigen von der Mining-Leistung, die von der von Ihnen verwendeten Hardware bereitgestellt wird.

Diese Art von Vision oder Studie kann durch WhatToMine und CoinWarz verfolgt werden, als Unterstützung bei diesem Auswahlprozess, so dass Sie sich wohl fühlen und Vertrauen mit der Rendite, die Bergbau produziert auf lange Sicht, können Sie Zeit und Studie, um die Bewertung zu widmen, so dass es ein Projekt, das Sie verpflichtet sind.

Beim Umgang mit neuen Kryptowährungen ist die Einbeziehung von Händlern von entscheidender Bedeutung. Neben der Bewertung der Sicherheit und der Funktion zum effektiven Umtausch dieser Kryptowährungen müssen Sie auch die Wachstumsaussichten des Projekts sowie die möglichen Anwendungsfälle und die Funktionsweise der Blockchain umsetzen.

Der Zugang zu Hardware und Software ist auch ein wichtiges Mittel zum Mining, sie sind unerlässlich, und daher können Sie nicht umhin, sie zu studieren, jede dieser Eigenschaften zusammen mit denen der Kryptowährungen, helfen Ihnen, eine klare Entscheidung zu treffen, müssen Sie nur von der allgemeinen zu den spezifischeren beginnen.

Beginnen Sie mit einem leeren Buch oder einem Dokument, um alles aufzuschreiben, was Sie über jede Kryptowährung wissen müssen, denken Sie nach oder studieren Sie aus technischer und ethischer Sicht, es ist ratsam, eine Roadmap zu verwenden, um die Ziele zu markieren, die Sie erreichen wollen, zusammen mit der Zeitspanne, die Sie erwarten, um sie zu erreichen.

GitHub oder GitLab, das Code-Repository für das Projekt, sowie eine Website und eine Reihe sozialer Netzwerke, die sich der Veröffentlichung von Details über den Bergbau widmen, mit all den winzigen Details, die dazugehören, damit Sie über alle Innovationen, an denen die Entwickler arbeiten, Bescheid wissen.

Aber auch Rückschläge summieren sich, denn sie wirken sich direkt auf den Wert und die Bestände von Kryptowährungen aus. Je mehr Details Sie also über das Kryptowährungsprojekt herausfinden können, desto besser können Sie sich ein Bild von seinem Wert machen.

Alles über einen Mining-Pool

Ein Mining-Pool ist als Knotenpunkt bekannt, der eine Gruppe von Kryptowährungs-Minern verbindet, um diese Aktivität als Teamarbeit zu organisieren, um mehr Geld zu produzieren, da er eine bedeutende Mining-Leistung, die auf das Ausmaß der Hashrate der Teilnehmer, die das Netzwerk bewohnen, angehoben wird, als eine einzige Projektion zusammenfasst.

Anstatt das Mining separat durchzuführen, konzentriert sich alles auf Kryptowährungsnetzwerke, die mit dem Proof-of-Work-Verfahren arbeiten. Durch die Anwendung dieses Algorithmus wird der Konsens anders ausgeübt, da die Teilnehmer solcher Mining-Gruppen die Entscheidungsgewalt an einen anderen verteilen, der den gesamten Knoten verwaltet.

Dies ist der Weg, um Zugang zu den Möglichkeiten zu haben, mehr Blöcke in die Kette zu integrieren, bis die erwarteten Belohnungen erreicht sind. In beiden Situationen, als PoW oder PoS, erhält der Pool die Belohnungen oder Prozentsätze, die dem Miner gehören, d.h. ein Teil wird als Beute gestaltet, um sie auf eine ausgewogene und gerechte Weise zu verteilen.

Ist es rentabel, allein oder mit anderen zu schürfen?

Normalerweise stellt man sich vor dem Mining von Kryptowährungen die Frage, ob es besser ist, in einer Gruppe oder alleine zu minen, vor allem, um herauszufinden, was für einen selbst am besten ist, um Belohnungen zu erhalten, die für einen selbst nützlich sind, und man sollte diese Art von Entscheidung ernst nehmen, da sie eine Variation der Art des Gewinns ist, den das Mining erzeugt.

Wenn Sie Kryptowährungen wie Bitcoin selbst schürfen wollen, müssen Sie die nötige Hardware mit der richtigen Leistung haben und auf die Generierung von Belohnungen auf einer Seite der Blockchain warten, was länger dauert, wenn Sie es allein tun.

Die Produktivität der Zusammenarbeit ergibt sich aus der Tatsache, dass die Leistung eines einzelnen Mining-Geräts im Vergleich zur Hashrate eines ganzen Netzwerks nicht ausreicht, weshalb man allein nicht einen ganzen Satoshi schürfen kann.

Im Hinblick auf diesen Vergleich oder Visualisierung erhöht die Bedeutung der Möglichkeit der Bildung einer Gruppe Bergbau, gegen die Varianten dieser Art von Umgebungen zu konkurrieren, um diese Prämisse können Sie ein klares Beispiel mit dem, was sind die Netze von Kryptowährungen wie Bitcoin und Ethereum, wie sie den Nachweis der Arbeit (PoW) gelten zu messen.

Dass Konsens-Algorithmus verwendet wird, ist der erste Bergbau-Knoten, um ein mathematisches Rätsel zu lösen, ist dies durch das Netzwerk auferlegt, um einen neuen Block von Transaktionen zu integrieren, so dass sie an die Blockchain, die eine bestimmte Belohnung von Kryptowährungen produziert, in der Mitte dieses Managements kann nur ein einziges Ergebnis für dieses Rätsel gesetzt treffen.

Was auf dem Kryptowährungsnetzwerk vorgeschlagen wird, ist, dass der einzige Weg, um diese Antwort zu bekommen, entdeckt und verwendet wird, so dass die Macht ist der Schlüssel, um die Wahrscheinlichkeit, dass ein Mining-Knoten kann Lösungen für die etablierten Rätsel zu finden, aber alles basiert auf der Macht des Mining, um einen Unterschied mit den anderen Mining-Knoten im Netzwerk zu machen.

Ein Miner mit 5 % der gesamten Mining-Leistung in einem Netzwerk kann eine größere Anzahl von Rätseln lösen als ein Miner mit nur 1 % der gesamten Hashrate, aber wenn sich mehrere Miner zusammenschließen, können sie bis zu 100 % der Mining-Leistung des Netzwerks erreichen.

Je mehr Chancen man hat, desto profitabler wird das Mining, weil jedes Mitglied der Gruppe viel mehr bekommt, als wenn es alleine schürfen würde. Das ist eine wichtige Erkenntnis, warum man sich für das Mining in einem Pool entscheidet und warum es immer beliebter wird.

Wenn Sie hingegen eine Kryptowährung wie Monero schürfen, die als Anti-ASIC eingestuft ist, d. h. sie eignet sich für CPU- und GPU-Mining, wäre es dennoch unzureichend, allein zu schürfen, da Sie im Vergleich zum gesamten Netzwerk nur über eine geringe Mining-Leistung verfügen.

Nach Schätzungen von CoinWarz.com kann ein Spieler mit einer AMD-Rx 570 GPU mehr als 2.000 Tage damit verbringen, den ersten Block selbst zu minen, d.h. mehr als 5 Jahre während dieses Prozesses, was je nach den vom Netzwerk angezeigten Werten mehr oder weniger sein kann.

Wenn Sie einen Block geschürft haben, erhalten Sie die volle Belohnung für die geschürften Kryptowährungen, aber Sie dürfen nicht die Zeit aus den Augen verlieren, die es braucht, um an diesen Punkt zu gelangen, weshalb hervorgehoben wird, dass Sie durch Pool-Mining ein höheres Maß an Lizenzgebühren für die Produktionsleistung erhalten können.

In einigen negativen Fällen kann der Wert von Kryptowährungen durch die Zeit, die für das Mining eines Blocks benötigt wird, dramatisch abgewertet werden, was dazu führen kann, dass Sie für Ihre Teilnahme am Netzwerk nichts erhalten.

- **Die Form der Zahlung in den Pools**

Einer der Zweifel an den Pools ist die Verteilung der geschürften Kryptowährungen, für die es verschiedene Zahlungsmethoden gibt, in der Regel PPS (Pay Per Share), PPLNS (Pay Per Last N Shares) und FPPS (Full Day Per Share), DGM (Double Geometric Method), sowie weitere zusätzliche Optionen.

Jede Zahlungsoption konzentriert sich auf die gleichmäßige Aufteilung der Gewinne entsprechend der von jedem Teilnehmer bereitgestellten Mining-Leistung. Es ist jedoch wichtig zu wissen, dass die Belohnung, die Sie für das Mining von Knoten erhalten können, aus zwei Teilen besteht, wobei der erste Teil die neuen Kryptowährungen sind, die ausgegeben werden, wenn ein neuer Block zur Kette hinzugefügt wird.

Auf der anderen Seite gibt es die Provisionen, die pro Transaktion entstehen, die dem gleichen Block entsprechen, aber je nach Art der Pool-Administratoren, können sie als Bedingung auferlegen, den Erlös der Provisionen zu behalten und ist verantwortlich für die Verteilung der neuen Kryptowährungen für die Arbeiter generiert.

Pool-Administratoren verlangen von ihren Mitgliedern einen prozentualen Anteil an dem, was sie geschürft haben. Dies ist oft eine weitere Möglichkeit, eine Gebühr für die Teilnahme an der Gruppe zu erheben, damit der Pool gewartet werden kann, weshalb das Schürfen in einem Pool eine praktikable Alternative bleibt.

Um in die Welt des Minings einzusteigen, ist dies eine Option, die immer mehr an Bedeutung gewinnt, da man nicht so viel für die Ausrüstung investieren muss, da das Mining auf eigene Faust mehr Energie erfordert, um ein profitabler Weg zu sein, alles ist relativ oder proportional zur gesamten Hashrate des Netzwerks, was eine beträchtliche Investitionsmarge erfordert.

Was die Web Miners darstellen

Dabei handelt es sich um eine Software, die über die Codebasis einer Website installiert wird und die Computer der Besucher in die Lage versetzt, Kryptowährungen zu schürfen. Die Installation dieser Art von Software kann durch den Website-Administrator oder durch einen Angreifer erfolgen, der sich in die Website einhacken kann.

Manchmal werden Web-Miner als Malware eingestuft, weil die Software keine Erlaubnis erteilt, sondern nur ausgeführt wird. Dies ist jedoch nicht der Zweck des Programms, sondern liegt in der Verantwortung des Installationsprogramms, da es eine Warnung enthalten kann, um vor der Aktivierung um Erlaubnis zu bitten.

Web-Miner werden als eine Art von Macht eingesetzt, erfordern aber ein hohes Maß an Verantwortung, so dass ihre Funktionen fair sind und von jedem Online-Nutzer genutzt werden können, was jedoch nicht ausschließt, dass Web-Miner auch in unangemessener Weise genutzt werden können.

Eine betrügerische Art und Weise, diese Alternative zu nutzen, besteht darin, sie über die Codebasis einer Website zu installieren und so das Mining auf dem Computer aller Besucher der Website zu ermöglichen, bis die Belohnungen für das Mining erzielt werden, aber es ist illegal, diesen Prozess ohne Genehmigung durchzuführen und gilt als Betrug.

Wenn ein solches Programm ohne Vorwarnung ausgeführt wird, belastet es die Computer der Nutzer, die auf die Website zugreifen, stärker, da das Mining von Kryptowährungen hohe Anforderungen an die CPU-Leistung stellt, insbesondere auf Computern, die dafür nicht ausgelegt sind.

Aus diesem Grund können einige Computer langsamer arbeiten, und bei einigen Smartphones führt dies zu ernsthaften Leistungseinbußen, da die beim Mining genutzte Wärmeausdehnung die üblichen Eigenschaften des Geräts übersteigen kann.

Diese böswilligen Verwüstungen stellen jedoch nicht die volle Funktionalität dieser Software dar, da Web-Miner für einige richtige oder positive Ziele verwendet werden, da einige Initiativen registriert sind, die, wenn sie um Erlaubnis bitten, durch Ihren Computer zu schürfen, wenn Sie die Website besuchen, für einige wohltätige Zwecke.

In ähnlicher Weise haben Sie auf einigen Websites die Möglichkeit, die Menge an Rechenleistung zu wählen, die Sie spenden möchten, um die CPU während des Minings nicht zu überlasten, gleichzeitig wird Web Mining als Ressource für bezahlte Abonnements zusammen mit Website-Werbung eingesetzt.

Im letzteren Fall ist es dasselbe wie bei gemeinnützigen Initiativen, da der Nutzer den Vorteil hat, die Genehmigung zu erteilen oder nicht, so dass die Rechenleistung für das Mining verwendet werden kann oder nicht, aber es entspricht einem Geschäftsmodell, das sich in voller Entwicklung befindet.

- **Die Arten von Kryptowährungen, die Sie mit einem Web Miner schürfen können**

Normalerweise über Web-Miner, die Monero Kryptowährung verwendet wird, weil es ein Vermögenswert, der von CPU als eine viel profitabler Weg abgebaut werden kann, vor allem, wenn Sie eine positive Menge von Computern zu diesem Zweck hinzuzufügen.

Ein weiterer Grund, sich für diese Kryptowährung zu entscheiden, ist das Projekt, da es sich um einen Vermögenswert handelt, der den Schutz der Privatsphäre bei Transaktionen gewährleisten soll, was für die meisten Nutzer wichtig ist, da sie mit dieser Software weder verfolgt werden noch einen gefährdeten Moment mit ihrer Sicherheit verbringen.

All das Cloud Mining erzeugt

Dies ist ein Service, bei dem Sie die Mining-Leistung mieten können, so dass Sie die Belohnungen, die Sie erzeugt haben, erhalten können, kann es unter der Aktion der Durchführung von Bergbau verstanden werden, sondern aus der Hand eines Dritten, aber dieses Mal ist es eine Plattform, die einen Teil der abgebauten Energie bietet.

Aber dieser Weg birgt eine Vielzahl von Fragen, wie z. B. die Rentabilität, und wenn es nicht besser ist, Ihre eigenen Mittel zu verwenden, um mit Ihrer eigenen Hardware zu schürfen, um diese Fragen zu beantworten, müssen Sie die gleichen Faktoren berücksichtigen, die mit der Rentabilität des traditionellen Kryptowährungsschürfen zu tun haben.

Das bedeutet, dass die Rentabilität des Mining auf eigene Faust und über die Cloud ähnlich ist, aber es besteht das Risiko, für die Investition in das Cloud-Mining betrogen zu werden, was beim Mining auf eigene Faust nicht der Fall ist, aber der Vorteil gegenüber dem Cloud-Mining ist, dass man nicht in die gesamte notwendige Ausrüstung investieren muss.

Anstatt Mining-Ausrüstung zu kaufen, müssen Sie sich auf diese Weise keine Gedanken über Strom, Kühlsysteme und ähnliche Variablen machen, so dass Sie sich nicht um die Wartung und Pflege der Hardware kümmern müssen.

Ein Nachteil ist jedoch, dass dieses System ein hohes Betrugsrisiko birgt, da die von den Plattformen genutzte und bereitgestellte Mining-Energie von Farmen stammt, die Teil der Unternehmen sind, und es daher kompliziert ist, zu überprüfen, ob sie die gesamte von ihnen erzeugte Mining-Energie einhalten.

Darüber hinaus haben einige Verträge Klauseln über die Kündigung des Dienstes, falls die Krypto-Asset-Preise auf dem Markt nicht vorteilhaft für sie sind, ist dies eine riskante Lücke für jedermann, und es ist unmöglich, zu ignorieren, erzeugt dies Interesse an der Angst vor Betrug zu diskutieren.

Um diese Frage zu beantworten, müssen Sie unbedingt den Hintergrund der Cloud-Mining-Plattform analysieren, in die Sie investieren wollen, denn es handelt sich um ein Geschäftsmodell, das sich als Innovation im Bergbauumfeld herausstellt.

Zwar gibt es einige Fälle von latentem Betrug, so dass der Ruf dieses Geschäftsmodells getrübt werden kann, doch darf man die Zahl der Plattformen, die diese Art von Dienstleistung anbieten, nicht außer Acht lassen, deren Vertrauenswürdigkeit sich in ihrer einwandfreien Funktionsweise zeigt.

Inmitten des Ökosystems dieser Plattform und ihrer Nutzer können Sie sich für diese Art von Unternehmen entscheiden, eines der ersten, das sich diesem Zweck widmet, ist CEXio, aber das beliebteste ist Genesis Mining, in dieser Welt ein Geschäftsmodell, das dem Cloud Mining ähnelt, bei dem die Mining-Leistung nicht von einem Unternehmen, sondern von anderen Minern gemietet wird.

Diese Plattformen fungieren als Vermittler zwischen Nutzern, die die Rechenleistung erwerben wollen, und anderen, die sie verkaufen wollen. Dies zeigt, wie viele Menschen es gibt, die Kryptowährungen schürfen wollen, aber nicht die Ressourcen haben, um dieses Ziel zu erreichen, da die Anschaffung von Mining-Hardware hoch ist.

Deshalb bieten Plattformen wie NiceHash und Mining Rig Rentails einen Hash-Rate-Marktplatz an oder schaffen einen solchen, so dass die Bedürfnisse der beiden oben genannten Personengruppen gut miteinander vereinbar sind.

Der Hauptvorteil dieser Medien ist, dass es sich um Plattformen handelt, die keine eigene Hashrate haben, und das

Beste daran ist, dass Sie den Ruf und das Feedback der Mining-Community im Voraus einschätzen können.

Die beliebtesten Methoden zum Mining von Kryptowährungen

Beim Mining von Kryptowährungen ist es notwendig, bestimmte grundlegende Aspekte zu erkennen. Wie bereits mehrfach erwähnt, ist der Kernpunkt dieser Dynamik die Blockchain-Technologie, da sie das Verständnis der Zusammensetzung dieses Marktes erleichtert, der auf den ersten Blick kompliziert zu verstehen oder zu beherrschen sein kann.

Die Realität dieses Prozesses ist, dass er die Beherrschung von Informationen erfordert, denn das Erlernen des Mining ist eine fortschreitende Phase, in der der Nutzer zur Dezentralisierung dieser Art von Vermögenswerten beiträgt, da das Mining auf der Überprüfung von Transaktionen basiert, die mit den Münzen durchgeführt werden, damit sie in das digitale Hauptbuch, die so genannte Blockchain, eingehen.

Dieses Hauptbuch wird auf der Blockchain als Datenbank verwaltet, die die Eigenschaft hat, verschlüsselt zu sein und dank eines kryptografischen Hashes, d.h. der Berechnung, die zur Verschlüsselung jedes Blocks implementiert wird, geändert zu werden, und sie ist auch ein unbestechliches Medium, da die Datenbank nicht verändert werden kann.

Es sollte nicht vergessen werden, dass die Kryptowährungsumgebung dezentralisiert ist und die Personen, die sich der Registrierung dieser Art von Operationen im Blockchain-Netzwerk widmen, Miner genannt werden, da sie diejenigen sind, die Notizen in der Blockchain-Datenbank machen.

Um die Hauptfunktion der Miner zu erfüllen, wird eine Rechenleistung implementiert, um einige Algorithmen zu lösen, die die Blöcke verschlüsseln und die Transaktionen auf diesen Blöcken umschreiben. Diese Rechenleistung hilft, den kryptografischen Hash zu bestimmen, eine Berechnung, die darauf abzielt, die Operationen zu verschlüsseln, damit sie nicht manipuliert werden können.

Da diese Rechenleistung verliehen wird, wird jeder Miner mit Kryptowährungen belohnt, die aus dem Blockchain-Netzwerk stammen, für dessen Aufrechterhaltung und Betrieb er verantwortlich ist:

1. **Schürfen von Kryptowährungen mit Video-GPU-Karten**

Es gilt als die erste Art des Minings, und seine Entwicklung wurde durch die Notwendigkeit, Bitcoins zu schürfen, vorangetrieben. GPU-Miner widmen sich der Nutzung der Rechenleistung von Video-Grafikkarten, um Rechenprobleme zu lösen, die im Netzwerk auftreten.

Wenn jedoch keine Rechenleistung zur Verfügung steht, wie es beim GPU-Mining von Blockchain-Netzwerken der Fall ist, ist für ein erfolgreiches Mining mehr Leistung erforderlich oder gefordert.

2. **Schürfen von Kryptowährungen mit ASIC-Maschinen**

Eine ASIC-Maschine ist ein anwendungsspezifischer integrierter Schaltkreis", der speziell für das Mining von Kryptowährungen entwickelt wurde. Aus diesem Grund verfügen sie über eine höhere Rechenleistung im Vergleich zu Grafikkarten, die im Laufe der Zeit auch immer weiter ausgebaut wurde.

Das bedeutet, dass der steigende Schwierigkeitsgrad des Minings in Blockchain-Netzwerken mit dieser Art von Geräten kompatibel ist, und bis heute werden ASIC-Geräte für das Mining von Kryptowährungen, insbesondere Bitcoin, verwendet.

Wie man mit dem Mining von Kryptowährungen Geld verdienen kann

Es bestehen Zweifel an der Art und Weise, wie beim Mining von Kryptowährungen Geld verdient wird, da nicht alle Teilnehmer Belohnungen verdienen können. Daher muss zunächst mit einigen vermögenswertspezifischen Logarithmen gearbeitet werden, im Fall von Bitcoin mit dem Proof of Work.

Was Sie wissen müssen, ist, dass das Blockchain-Netzwerk Miner belohnt, die eine gültige und lange Blockchain-Kette erstellen, genannt "Block Reward", um die Beteiligung des Nutzers am Netzwerk zu decken und es ehrlich am Laufen zu halten.

Eine lange und funktionierende Kette erfordert ein höheres Maß an Rechenleistung, so dass das Netzwerk versucht, Bitcoin zu generieren und die entsprechenden Belohnungen bereitzustellen. Zu diesem Aufwand kommt der Wettbewerb hinzu, der entstehen kann, um den längsten Block zu generieren, und dafür ist es notwendig, die Leistung einer Mining-Farm zu haben oder Teil eines Pools zu sein.

Wenn Sie also planen, eine Kryptowährung zu schürfen, müssen Sie die Höhe der Investition messen, um diese Rechenleistung zu erhalten, die notwendig ist, um mit anderen verbrauchsintensiven Geräten, die Teil des Netzwerks sind, zu konkurrieren.

Wenn man in Erwägung zieht, als Miner in einem Blockchain-Netzwerk tätig zu werden, muss man verstehen, dass dies mit besonderen Kosten verbunden ist, die man decken muss, um daran teilzunehmen. Dies bezieht sich in erster Linie auf die Computerausrüstung, die an das Netzwerk angeschlossen ist, ganz abgesehen von der Menge an Ressourcen, die von diesen Geräten verbraucht werden, da sie 24 Stunden am Tag Energie benötigen.

Andererseits ist das Kühlsystem eine Notwendigkeit, da die Geräte lange Zeit in Betrieb sind, was wiederum den Stromverbrauch des Kühlsystems in die Höhe treibt, was ein klarer Grund für die Einrichtung von Mining-Farmen ist, insbesondere um die Kosten für Strom an Orten zu vermeiden, wo er kostenlos ist.

Das Besondere an dieser Aktivität ist die Mining-Ausrüstung, die mindestens 395 Dollar und höchstens 1.316 Dollar kostet, wobei noch der Wert der Stromversorgung hinzukommt, bei der man ebenfalls nicht sparen sollte, da sie ein wichtiges Ausrüstungsteil ist.

Wie viel kann man mit dem Mining von Kryptowährungen verdienen?

Bei den Berechnungen der Gewinne aus dem Kryptowährungs-Mining muss unbedingt berücksichtigt werden, was es bedeutet, in Mining-Ausrüstungen zu investieren, da diese zwar grundlegende Ressourcen für diese Tätigkeit sind, aber in einigen Fällen die Rentabilität dieser Tätigkeit verändern, und um mehr Geld zu erwirtschaften, sollte man darüber nachdenken, zu Beginn zu investieren.

Um die Ergebnisse oder die Häufigkeit der Rentabilität zu messen, sollten Sie die zu Beginn gegebenen Ratschläge befolgen, wie z. B. die Verwendung von Rechnern, danach können Sie Ihre Leistung und die Häufigkeit, mit der Sie minen, kombinieren, aber die Beträge der Kryptowährungen sind nicht exakt.

Im Laufe der Zeit, in der das Mining betrieben wird, können sich viele Variablen ändern, insbesondere diejenigen, die mit der Kryptowährung selbst zusammenhängen. Andererseits wird die Schätzung in einem Bruttowert dargestellt, aber die Kosten für den Stromverbrauch und die Möglichkeiten, die Ausrüstung mit einer angemessenen Kühlung länger in Betrieb zu halten, müssen noch reduziert werden.

Wie man Ethereum schürft

Egal, ob Sie nicht genug Wissen haben, können Sie im Detail entdecken, was Ethereum Mining darstellt, für die Sie die wichtigsten Funktionen hinter dieser Kryptowährung und über die Mining-Kräfte bewusst sein müssen, in diesem Fall ist es ein Vermögenswert, der zurück zu 2015 stammt.

Ethereum wird als vollständig dezentralisierte Softwareplattform definiert und ist mehr als nur eine Plattform, da es eine Programmiersprache besitzt und implementiert, d.h. Turing complete, was bedeutet, dass es über eine Blockchain läuft, um Entwicklern bei der Verwendung von Smart Contracts und verteilten Anwendungen (Dapp) zu helfen.

Mit Hilfe dieser Art von Plattform wird versucht, Betrügereien zu verhindern, ohne Ausfallzeiten oder Kontrolle durch Dritte. Ether ist als Kryptowährung bekannt, die die Ethereum-Plattform verwendet, es ist bekannt als ein Token, das es erlaubt, Transaktionsgebühren und einige Berechnungskosten zu bezahlen.

Die Macht von Ether ist gewachsen und hat sich zu einer der zweitwichtigsten digitalen Währungen nach Bitcoin entwickelt. Deshalb verwenden Entwickler Smart Contracts, um Ether zu empfangen, zu speichern und auch an andere Entwickler zu senden.

Das bedeutet, dass Ether ein Anreiz für Entwickler ist, bessere Anwendungen für die Ethereum-Plattform zu entwickeln und bereitzustellen, und wenn es um Zahlungen geht, ist dies der richtige Weg.

- **Ethereum abbauen**

Ethereum-Mining ist einfach und gewinnt dadurch eine höhere Relevanz, aber die Grundlagen sind zu wissen, wie diese Art von Mining funktioniert, aber es folgt der gleichen Dynamik des Bitcoin-Minings, wo mathematische Gleichungen mit Hilfe von Hardware gelöst werden, die für diesen Zweck ideal ist.

Die Teilnahme von Minern aus der ganzen Welt an Ethereum ist eine bekannte Tatsache und nützlich für das Netzwerk, da es sich um Menschen handelt, die ihre Zeit in die Lösung komplexer mathematischer Rätsel investieren. Wenn sie die

Antworten auf ein solches kryptographisches Problem erhalten, können die Miner die Blöcke in die Ethereum-Blockchains integrieren.

Das ist die Kerndynamik, um die Belohnungen zu erhalten, nach denen Sie suchen. Sobald der Miner eine Gleichung löst, kann er damit rechnen, 2 ETH für jeden Block zu erhalten, dies muss eine Transaktionsgebühr beinhalten, die dem Block hinzugefügt wird, aber es ist nur möglich, die Menge von 18 Millionen neuen ETH pro Jahr zu schaffen.

Es gibt keine Begrenzung für die Gesamtzahl der Token, die ausgegeben werden können, aber Bitcoin hat eine begrenzte Anzahl von Token, weshalb es verschiedene Möglichkeiten gibt, ETH zu schürfen, wie zum Beispiel die folgende:

1. Solo-Mining, das auf dem privaten Solo-Mining basiert.
2. Teil eines ETH-Mining-Pools sein.
3. Cloud-Mining.
4. Bauen Sie Ihren eigenen Mining-Pool auf.

Bei der letztgenannten Option, die als sehr wettbewerbsintensiv beschrieben wurde, handelt es sich um eine Art des Bergbaus, die Investitionen erfordert, um eine wirklich bedeutende Menge abzubauen.

- **Mining von Ethereum durch spezielle Hardware**

Im Fall von Ethereum-Mining-Hardware oder Mining-Rig handelt es sich um eine Maschine, die speziell für das Mining dieser Art von Kryptowährung konzipiert ist. Mining-Rigs werden als eine Reihe von Geräten beschrieben, die aus einem Netzteil, einer Hauptplatine, einer GPU oder Grafikkarte und einer Kühlvorrichtung bestehen.

Im Allgemeinen kann Ethereum mit CPUs und auch GPUs abgebaut werden, CPU-Mining-Rigs haben einen CPU-Prozessor, um komplizierte Algorithmen zu implementieren, um Lösungen für die Blöcke zu finden, die Teil der Blockchain sind, CPU-Mining-Rigs sind die beliebtesten für Miner.

Die Leidenschaft für Mining Rigs basiert auf der Tatsache, dass sie billiger und einfacher zu bedienen sind, man braucht nur einen Computer, aber der Nachteil ist, dass es eine viel langsamere Art zu arbeiten ist, so können Sie lernen und überlegen, wie man Ethereum mit Hilfe von spezieller Hardware oder GPU zu minen.

Bei GPU-Mining-Rigs werden Grafikkarten eingesetzt, die zwar keine CPU-ähnlichen Algorithmen ausführen, aber zumindest in der Lage sind, Mining-Prozesse über geschlossene Netzwerke abzuschließen.

GPU-Mining-Rigs arbeiten auf einem höheren Niveau als CPU-Mining-Rigs, aber das Einzige, was Sie beachten müssen, ist, dass sie sehr teuer sind, und diese Art von Leistungsqualität kann in die Tausende von Euro gehen.

Aus diesem wirtschaftlichen Grund entscheiden sie sich für die billigere Alternative, was sich jedoch auf die Leistung auswirkt, da für das Mining spezielle Hardware erforderlich ist, um einen Gewinn zu erzielen, auch wenn dies mit gewissen Betriebskosten verbunden ist.

Die besten Hardware-Modelle für das Ethereum-Mining sind die folgenden:

1. **Radeon RX 5700 XT**

Die Radeon RX 5700 XT mit einer dreifachen Verlustleistung Einbeziehung, ist eine der besten Karten für diejenigen, die ETH Bergleute werden wollen, weil es erlaubt, ein Maß von 660 Mega Hash zu erfüllen, auch verwendet bis zu 68w pro Karte, die auf 0,16 Euro pro Tag kommt, was eine Kosten, die auf 400 und 500 Euro geschätzt wird.

2. **Nvidia GeForce GTX 1070**

Die Nvidia Geforce GTX 1070 ist als eine der beliebtesten Grafikkarten anerkannt, vor allem für Gamer, aber es funktioniert auch, um das Mining zu entwickeln, weshalb es eine Alternative für das Mining dieser Kryptowährung zu betrachten ist.

Die wichtigste Eigenschaft ist, dass es eine sehr hohe Hashing-Rate liefern kann, ohne große Mengen an Strom zu benötigen.

3. Nvidia GeForce GTX 1660 Ti

Sie ist eine beliebte Wahl, weil sie bis zu 30,5 Megahash pro Karte verarbeitet, insgesamt 68 W benötigt und weniger als 200 Euro kostet. Dies ist eine Karte, die sowohl die Popularität der Marke als auch die Leistung wert ist, die sie einer NVIDIA für einen geringeren Preis gleichsetzt.

- **Wie man Ethereum von einem PC aus schürft**

Wenn Sie von Ihrem eigenen PC aus minen wollen, ohne Ihr Haus zu verlassen, können Sie diese Möglichkeit mit den folgenden Schritten nutzen:

1. Um Ethereum unter Windows zu minen, benötigen Sie mindestens Windows 7 64-bit oder höher.

2. Für das Mining benötigt man einen PC mit 4 GB GPU-Speicher und mindestens 4 GB System-RAM sowie eine stabile Internetverbindung, damit man beim Mining keinen Stromausfall hat.
3. Die Installation der aktuellen Version Ihrer GPU-Treiber muss durchgeführt werden.
4. Laden Sie die notwendige Software herunter, um die Mining-Funktion auszuführen, dafür gibt es viele Ethereum-Mining-Programme.
5. Ändern Sie die Windows-Einstellungen, z. B. die Größe des virtuellen Speichers auf einen Wert von 16.384 MB, und gehen Sie dann zu den Windows-Energieeinstellungen, um den Ruhemodus zu deaktivieren. Wenn Sie dies getan haben, können Sie in den Windows Update-Einstellungen das Programm deaktivieren, denn wenn Sie Windows Defender und ein Antivirenprogramm verwenden, können diese das Mining-Programm stören, indem sie es als Bedrohung einstufen.
6. Wählen Sie einen Mining-Pool, der Ihren Wünschen entspricht.
7. Ändern Sie die .bat-Datei des Mining-Programms entsprechend den Anweisungen, die Sie im ausgewählten Mining-Pool erhalten haben.

8. Erstellen Sie eine Brieftasche, in der Sie die verdienten Ether aufbewahren können, und richten Sie sie ein.

Für jedes Betriebssystem gibt es spezifische Schritte, die den Computer an den Bergbauprozess anpassen, man muss nur die spezielle Art und Weise verstehen, wie man das jeweilige System verwaltet, z. B. bei einem Mac.

- **Ethereum schürfen mit Mac**

Die Mining-Community hat kein Verständnis für die Verwendung eines Macs für das Mining, da dies keine lohnende Wahl ist, da die effektivste Mining-Software für Ethereum keine Version für diese Art von Betriebssystem zur Verfügung hat, aber eine grafische Benutzeroberfläche (GUI) wie Minergate verwendet werden kann.

Wenn Sie Minergate als Ersatz verwenden, können Sie die folgenden Schritte durchführen:

1. Laden Sie die Software von der Minergate-Website herunter.
2. Registrieren Sie sich für ein Konto.
3. Melden Sie sich mit dem von Ihnen erstellten Konto bei der Software an.
4. Beginnen Sie mit dem Abbau von Ethereum.

5. Obwohl Mining nicht für den Einsatz auf dem Mac verfügbar ist.

Angesichts der Einschränkungen dieses Betriebssystems ist es nicht der richtige Weg, um in der Bergbauwelt mitzumischen.

- **Software zum Schürfen von Ethereum**

Die Liste der Software, um Ethereum zu minen, ist hilfreich, um den geeignetsten Weg zu klären und zu nehmen, aber vor allem die eine, die in Bezug auf die Leistung am besten ist, können Sie die folgenden konsultieren:

1. **Claymore**

Es ist mit Windows- und Linux-Betriebssystemen kompatibel, ohne dabei zu vernachlässigen, dass es vor allem eines der besten Mining-Programme für Windows 10 ist, aber es ist immer noch ein effektives Programm für das Mining, weil es einen doppelten Ethereum-Miner hat, der die Extraktion von Kryptowährungen mit Algorithmen erleichtert, ohne die Hash-Rate zu verringern.

Die Hauptqualität von Claymore ist, dass es neben Ethereum auch das Mining anderer Kryptowährungen erlaubt, die Mining-Provision ist auf 1% festgelegt, im Falle der Auswahl von Dual-Mining erhöht sich die Kommission auf 2%, und der Download-Prozess ist einfach.

2. Ethminer

Es ist eine bekannte Software für Ethash GPU Mining, die es einfach macht, alle Kryptowährungen zu minen, die dem Ethash-Algorithmus unterliegen (Ethereum, Ethereum Classic, Expanse, Musecoin und andere), und es hat auch eine breite Kompatibilität mit Mac, Windows und Linux.

Es wurde speziell für die Verwendung mit Nvidia-Grafikkarten entwickelt und steht in der Rangliste der besten Ethereum-Mining-Software für Windows 7 und Nvidia ganz oben.

3. MinerGate

Es gilt als eine der besten Software für das Mining von Ethereum für Mac-Besitzer, es bietet Minern auch die Möglichkeit, BTC, Monero, Zcash, Litecoin und andere Token zusätzlich zu Ethereum zu minen, die Funktionalitäten haben eine Kommission, die je nach digitaler Währung von 1% bis 1,5% variiert.

Die Handhabung dieser Software ist einfach, denn sie ist für jeden Neuling nützlich, um in die Welt des Bergbaus einzusteigen, außerdem verfügt sie über die Optionen, die in verschiedene Sprachen übersetzt sind.

4. **CGMiner**

CGMiner gilt als eine Ethereum-Mining-Software, die grundlegende und freie Aktionen erfüllt, es ist in C++ geschrieben, so dass es mit den meisten Plattformen passt, durch eine einfache Schnittstelle, um die Kontrolle zu übernehmen, dies bewirkt, dass es über verschiedene Mining-Pools und Geräte arbeiten kann.

Die Benutzerschnittstelle und die Anpassung der Befehle bereiten keine Probleme, es gibt auch Zubehör wie den Ethereum-Mining-Rechner, der ein Hilfsmittel zur Verwaltung und Kontrolle der Hash-Rate ist, d.h. alle Daten, die Sie interessieren, stehen Ihnen zur Verfügung.

Das Design, das CGMiner hat, basiert auf Ethereum-Mining-Pool-Software, ist es auf der GPU als eine Art Vorteil für Anfänger implementiert, um in diesem Medium zu wachsen, müssen sie nur den Benutzernamen, URL, Passwort eingeben und wählen Sie die Mining-Pool, mit der Computer-Hardware, die automatisch angewendet wird.

5. Geth

Es ist eine Entwicklung des Ethereum-Teams, es wird als einer der ursprünglichen Miner betrachtet, denn es ist derjenige, der es erlaubt, die Gelder in verschiedene Richtungen zu transferieren, den Blockverlauf zu zeigen und die Verträge zu generieren, es ist kompatibel oder funktionell mit Windows und Mac.

6. Phoenix Bergmann

Es handelt sich dabei um ein Ethereum-Mining-Programm mit einer kurzen Geschichte, das aber gleichzeitig innovativ ist, da seine neueste Version Dual-Mining-Unterstützung bietet, wodurch das gleichzeitige Mining von Ethereum und Ubiq möglich wird.

Bei den Möglichkeiten, Ethereum zu schürfen, wird der Weg über Pools erwähnt, der für viele eine große Menge an Zweifeln darstellt, die mit Hilfe der im Folgenden besprochenen Details gelöst werden können:

- **Ethereum schürfen mit Pools**

Aufgrund der schieren Anzahl der Miner, die sich auf ETH-Token konzentrieren, wird es zu einer komplexeren Aktivität, insbesondere um die Belohnung zu erreichen, die ein geminter Block bietet, wodurch jeder Miner eine geringe Chance hat, eine Gleichung zu lösen und die Belohnung zu erhalten.

Das ist die Hauptmotivation für viele Menschen, sich für einen Mining-Pool zu entscheiden, d. h. für eine Gruppe von Minern, die sich der gemeinsamen Arbeit widmen, um gleichmäßig verteilte Belohnungen aus dem Kryptowährungs-Mining zu erhalten.

Durch einen Mining-Pool können Sie einen Server finden, der eine mathematische Gleichung in einer kleineren Operation unter den teilnehmenden Computern verteilt, sobald die angeschlossenen Benutzer einen Block gemeinsam lösen, wird die Belohnung proportional verteilt, basierend auf der von jedem Benutzer beigetragenen Leistung.

Über poolwatch.io werden die besten Mining-Pools veröffentlicht, wobei Sparkpool, Ethermine, F2Pool, SpiderPool und Nanopool hervorstechen. Das Wichtigste daran ist, dass Sie einen Ethereum-Mining-Pool wählen können, der über eine attraktive Pool-Hashrate, Pool-Reputation und Provisionsrate verfügt.

Allerdings darf man nicht übersehen, dass es viele Möglichkeiten gibt, Ethereum zu schürfen, dies sind nicht die einzigen, und vielleicht finden Sie eine Alternative, mit der Sie den Token schneller erhalten.

Was Sie zum Mining von Zcash benötigen

Die allgemeinen Anforderungen für die Einrichtung eines Zcash-Mining-System, rät die Verwendung von AMD-Grafik oder NVIDIA-Grafik zu betrachten, da es eine anerkannte und empfohlene Hardware für die Art von System hinter der Kryptowährung ist, ist dies nützlich zu wissen, weil die Popularität der Kryptowährung Bergbau.

Aber der erste Schritt bei jeder Entscheidung oder Präferenz ist nicht zu wissen, was benötigt wird, so dass Sie ein Mining-Rig haben können, aber dies geschieht, wenn Sie die notwendigen Komponenten zu montieren, kann dies als ein minimaler Schritt auf das, was benötigt wird, um Zcash Mine und Analyse der Rentabilität zu konzentrieren gesehen werden.

1. **Grundplatte**

Die Hauptplatine ist der kritische Punkt für das Mining von Kryptowährungen, so muss es ausgewählt werden, denken über die Bedeutung, die es hat, für diese müssen Sie berücksichtigen, dass vor der Auswahl der Hauptplatine müssen Sie die Anzahl der Grafikkarten, die Sie gehen, um zu installieren und auf der Grundlage, dass die Zahl der Hauptplatine gewählt wird wissen.

Eines der auffälligsten ist das Biostar TB250-BTC, das für sechs Grafikkarten verwendet wird und rund 90 Euro kostet, während das Biostar TB250-BTC PRO für zwölf Grafikkarten ausgelegt ist und 250 Euro kostet. Je nach Kapazität können Sie sich also entweder eines der beiden Modelle ansehen oder nach anderen auf dem Markt suchen.

Derzeit sind diese Motherboards nur für Intel-Prozessoren ausgelegt.

2. **Prozessor**

Der Prozessor entspricht einer erschwinglichen Alternative, denn man braucht keinen sehr ausgeklügelten Prozessor, es reicht der einfachste Intel Core i3, mit dem Core i3 6100 kann man mit dem Mining beginnen und er ist einer der meistgewählten, denn sein Durchschnittswert liegt bei 100 Euro mit Kühlkörper.

Diese Prozessorgröße ist ausreichend, da der Prozessor nicht so viele Lasten tragen muss, aber die gesamte Leistung der Mining-Last hat viel mit der Grafik zu tun, obwohl Sie berücksichtigen sollten, dass es kein Motherboard für das Mining gibt, das auf AMD-Prozessoren läuft, so dass sie keine Option sind.

3. RAM-Speicher

An diesem Punkt kann die Entscheidung variieren, solange Sie von der Mindestgröße von 4 GB RAM-Speicher ausgehen können, da dies eine ausreichende Größe für diese Art von System ist, können Sie auch ein Modul oder zwei Module bevorzugen, aber es ist am besten, für die zweite Option zu gehen, um Dual-Channel-Einstellungen zu haben.

Es ist ratsam, darauf zu achten, Speicher mit integriertem Kühlkörper zu kaufen, da dies die Leistung des Speichers verbessert, und wenn Sie das System später entsorgen wollen, sind sie beim Verkauf als Gebrauchtware begehrter, aber es ist ratsam, in DDR4-RAM zu investieren.

4. Lagerung

Das Feld oder was bezieht sich auf die Festplatte, ist es immer besser, für eine SSD, dass die Kosten von 60 bis 65

Euro hat, ebenso können Sie von SATA als M.2 SSD 120GB denken, das ist genug, so dass zu jeder Zeit, die Sie entscheiden, in den Ruhestand können Sie das Gerät ohne Probleme verkaufen.

Die maximale Leistung erhalten Sie, wenn Sie sich für eine mechanische Festplatte mit 500 GB oder 1 TB entscheiden, je nachdem, woran Sie am meisten interessiert sind. In jedem Fall können Sie sie aufteilen und einen Storjcoin-Server einrichten, um Ihre Investition zu amortisieren.

5. **Stromversorgung**

Dies ist einer der Punkte, die einen höheren Preis darstellen können, aber es ist weniger als die Investition in eine Grafikkarte, an diesem Punkt können Sie bis zu 200 Euro für eine, die 80Plus Gold-Zertifizierung hat, zusammen mit einer Mindestleistung von 1000w, im Falle von sechs Grafikkarten, werden Sie zwei Netzteile benötigen.

Der Enermax Revolution 87 1000w wird auf 180 Euro geschätzt und ist einer der beliebtesten für das Mining, zusätzlich gibt es den Chieftec Nativas 1250w, der 230 Euro kostet, beide unterstützen drei Grafikkarten.

6. **Grafikkarte**

Es ist ein Schlüsselelement für das Mining, wenn Sie zum Beispiel in Ethereum interessiert sind, können Sie AMD-Grafikkarten bevorzugen, vor allem die RX 570/580, aber die Rentabilität dieser Option ist noch unbewiesen, auf der anderen Seite, Zcash Bergbau ist viel besser mit NVIDIA, und es ist auch eine Grafikkarte kompatibel mit anderen Kryptowährungen.

Um die Art der Grafikkarte zu definieren, sollten Sie immer an die Art der Kryptowährung denken, die Sie schürfen wollen. Falls Sie mit der Absicht fortfahren, Zcash zu schürfen, können Sie die besten NVIDIA-Grafikkarten wie die GTX 1060 für ihren Preis oder die GTX 1070 für ihre Schürfleistung ausprobieren, aber wenn Sie auf der letzten Ebene schürfen wollen, sollten Sie die GTX 1080 Ti wählen.

7. Steigleitung

Der Riser ist auch das, was Sie brauchen, um ein Bergbau-Rig zu bilden, sollte dies zusammen mit anderen Elementen gekauft werden, unter der Konzentration, dass Sie Version 6 dieser Art von Zubehör zu kaufen, während immer noch die Art der Funktionen, die es bietet, Schutz ist auch ein nützliches Gut zu bewerten.

Die Gesamtinvestition all dieser Aspekte liegt bei etwa 3.000 Euro, hat aber eine geschätzte Rendite in sechs Monaten, aber es hängt alles vom Wert der Kryptowährungen ab, ohne zu vergessen, dass ein Monat produktiver sein kann als ein anderer, und die Pflege der Ausrüstung, um sie kühl zu halten.

Die Tricks zum Mining von Monero über Ihren Computer

Das Auftauchen von Monero Mining ist kurios, weil es eines der Mining ist, das immer noch von einer CPU oder Prozessoren durchgeführt werden kann, so dass es eine einfache Alternative im Vergleich zu den breiteren Mining-Markt da draußen ist, so ist es eine gute Gelegenheit, um zu beginnen.

Das Mining dieser Art von digitaler Währung wird Ihnen helfen, sich mit dem Umfeld dieser Aktivität vertraut zu machen. Es ist ein Abenteuer mit viel Motivation, da Monero dank seines Projekts, das Skalierbarkeitseigenschaften aufweist, derzeit zu den besten 20 Kryptowährungen gehört.

Der Einstieg in jede Art von Bergbau erfordert ein Engagement, um zu lernen und sich zu verbessern. Bevor Sie also beginnen, müssen Sie bedenken, dass es sich um eine zeitliche Investition handelt, und Sie müssen einige besondere Maßnahmen einhalten, die Teil dieser Art von Aktivität sind, einer dieser Aspekte ist die technische Beherrschung dieser Art von Prozess.

Andererseits müssen Sie über eine kostengünstige Stromquelle verfügen, da der Bergbauprozess einen kontinuierlichen Energiebedarf erfordert, so dass der Bergbauprozess Investitionen erfordert, um die notwendige Energie für die Erzielung von Gewinnen bereitzustellen.

Auch die Pflege der Computerausrüstung ist eine nützliche Maßnahme, und wenn man sich von dem Druck befreit, ist es am besten, mit dem Mining zu beginnen, ohne die Ergebnisse vorwegzunehmen, aber es ist immer möglich zu lernen, die Möglichkeit, beim Mining Gewinne zu erzielen, in die eigenen Hände zu nehmen.

Wenn Sie sich für diese Art von Mining entscheiden, sollten Sie zunächst die am meisten empfohlene Mining-Software wie GNU/Linux installiert haben, da diese über einen offenen Quellcode verfügt, was wiederum die Probleme mit Viren oder anderen Schwachstellen verringert, aber Sie können auch Windows verwenden, um den Einstieg zu erleichtern.

- **Die Verwendung des RandomX-Algorithmus**

Für die Entwicklung des Bergbaus sind Kenntnisse über die Entwicklung des RandomX-Algorithmus erforderlich, da er keine speziellen Maschinen wie ASICs benötigt. Daher ist es von Vorteil, wenn sich mehr Menschen daran beteiligen, denn es handelt sich um einen Algorithmus, der für die Integration des Zufalls in die Prozesse des Bergbaus verantwortlich ist.

Diese Arten von Funktionen erschweren die Herstellung von ASIC-Bausteinen, die die Dezentralisierung des Ökosystems der Kryptowährungen verringern.

- **Die Voraussetzungen für das Mining von Monero**

Das erste, woran Sie denken sollten, wenn Sie sich an dieser Art von Mining beteiligen wollen, ist die Computerausrüstung, denn sie dient dazu, die Hauptaktivität des Mining durchzuführen. Diese Art von Ausrüstung kann ein PC, ein Laptop oder ein professioneller Laptop sein, das Wichtigste ist, dass Sie 24 Stunden am Tag, 7 Tage die Woche arbeiten können.

Ebenso, wenn Sie die besten technischen Eigenschaften haben, werden Sie eine viel höhere Mining-Leistung haben, das

Minimum, das Sie implementieren sollten, ist eine CPU, die ein 64-Bit-Betriebssystem entweder Windows oder GNU/LINUX, die 4 CPU-Threads oder Kern, 4 GB RAM, kombiniert mit einer guten Breitbandverbindung hat.

Die Ausrüstung muss über eine spezielle Monero-Mining-Software verfügen, von denen XMR-Rig die einfachste und am häufigsten verwendete ist, und Sie müssen auch über eine Monero-Brieftasche verfügen, um die Einlagen zu erhalten, die Teil der Mining-Aktivität sind.

- **Die Schritte zum Mining in Monero**

Damit Sie ohne Probleme oder Verwirrung an diesem Prozess teilnehmen können, können Sie diese grundlegende Schritt-für-Schritt-Anleitung befolgen, bis Sie diesen Prozess abgeschlossen haben:

1. **Erstellen Sie Ihr Portemonnaie**

Das erste, was Sie tun sollten, ist eine Monero-Wallet zu erstellen, so dass Einzahlungen nicht zu einer Komplikation werden und sicher sein können. Auf diese Weise haben Sie die Gewissheit, dass die Mining-Aktivität nicht vergeblich sein wird, dafür können Sie die Wallet verwenden, die von der offiziellen Website von Monero angeboten wird.

Wenn Sie sich in diesem Abschnitt befinden, müssen Sie auf die Anforderungen von Windows 64 Bits achten, da es nur mit einem 64-Bit-System funktioniert. Wenn Sie dies nicht erfüllen, bedeutet dies, dass Ihr PC die Entwicklung der Software nicht unterstützt, aber wenn Sie es haben, müssen Sie nur den Anweisungen auf der Website folgen, um die Brieftasche zu erstellen.

2. **Starten Sie die Brieftasche**

Sobald Sie die Wallet heruntergeladen haben, müssen Sie sie nur noch ausführen, um die Sprache auszuwählen, und dann auf "Weiter" klicken, um den Ausführungsmodus auszuwählen, in dem sich die Wallet befinden wird. Es kann der einfache Modus sein, der die Wallet als Depot verwendet und sich mit anderen Nodes verbindet, oder der Bootstrap-Modus, der die Erstellung eines lokalen Nodes durchführt, der die Blockchain speichert.

Schließlich gibt es den fortgeschrittenen Modus, das soll mehr Funktionalität bieten, das ist eine Erweiterung des Mining, es ermöglicht Ihnen, Ihre eigene Brieftasche zu erstellen, und dann bieten Ihnen die Seed-Phrase-Daten, diese Art von Daten müssen gut gespeichert werden genau, wenn Sie es verlieren Sie den Zugang zu Ihrer Brieftasche.

Sobald Sie sich diese Daten notiert haben, können Sie auf "Schlüssel für die Brieftasche erstellen" klicken, wo Sie etwas auswählen sollten, das Sie nicht vergessen werden, um mit der Standardinstallation fortzufahren, indem Sie alle Einstellungen vornehmen, um die Brieftasche so einzurichten, dass sie funktioniert.

Die Synchronisierung ist eine Maßnahme, die Sie einrichten können, damit alles auf dem neuesten Stand ist. Dieser Schritt wird automatisch durchgeführt, und Sie müssen sich um nichts kümmern.

3. **Bergbau-Software herunterladen**

Durch das Herunterladen der Software wird der Weg zum Bergbau geebnet, denn die Computerausrüstung wird so eingerichtet, dass Sie Ihr eigenes Bergbauzentrum oder Ihren eigenen Bergbauraum haben. Dank des Open-Source-Charakters dieser Art von Programm finden Sie die gesamte Dokumentation zum Herunterladen.

Die Konfiguration des Programms kann problemlos durchgeführt werden, und es ermöglicht Ihnen, gleichzeitig Ihre Einnahmen zu erzielen.

4. **Mining-Pool auswählen**

Um diesen Schritt auszuführen, sollten Sie darauf achten, dass dieser Server in der Nähe Ihres Standorts ist, um die gleiche Leistung ohne Probleme zu erzielen, denn ein Pool muss eine stabile Mining-Aktivität aufrechterhalten.

Paketlieferungsfehler sind das, was niemand in einem Pool sucht oder erwartet. Aus diesem Grund ist es am besten, realistisch zu sein und den Pool zu nehmen, der am besten zu Ihnen passt, um einen Gewinn zu erzielen, Sie können sich bei moneropools.com anmelden, um eine Liste von Mining-Pools zu lesen.

5. **Anpassen der Bergbausoftware**

Dieser Schritt ist dem Mining-Abenteuer sehr ähnlich. Sie müssen nur den Konfigurationsassistenten aufrufen, um einige wichtige Schritte auszuführen: Klicken Sie zunächst auf "Neue Konfiguration", dann auf "Pool hinzufügen", damit Sie bei einem falschen Pool Unterstützung wählen können, und dann auf die Option "Benutzerdefiniert".

Wenn Sie die benutzerdefinierte Option wählen, weil Sie den Pool nicht erhalten, öffnet sich ein Dropdown-Menü, in das Sie die vollständigen Daten eingeben können, die Sie vom Pool anfordern können, um den Pool zu betreten. Falls Sie mehr Unterstützung benötigen, sollten Sie supportXRM wählen, um die Brieftascheninformationen und den Namen des Arbeiters als Identifikationsart zu vervollständigen.

Daher können Sie die Backend-Option durchführen, um die Art und Weise anzugeben, in der Sie minen wollen, wobei Monero in diesem Teil müssen Sie "CPU" setzen, dann am Ende können Sie die endgültige Konfiguration, die Ihnen erlaubt, den ausgewählten Pool mit den Optionen eingestellt zu verwenden, so dass das Geld generiert geht direkt an die Brieftasche haben.

- **Im Falle der Einrichtung des Bergwerks**

Eine einfache Möglichkeit, XMRig für einen unterbrechungsfreien Betrieb zu konfigurieren, ist die config.json-Datei, die für diesen Zweck vorgesehen ist. Öffnen Sie die Datei einfach mit einem Texteditor oder Notepad, löschen Sie den Inhalt und kopieren Sie den vom XMR-Assistenten bereitgestellten Inhalt.

Wenn Sie diese Schritte abgeschlossen haben, müssen Sie nur noch auf die ausführbare Option xmrig doppelklicken, um das Mining ohne Probleme zu starten.

6. **Optimiert Bergbauausrüstung**

Dies ist ein Schritt, den fortgeschrittene Benutzer besser verstehen, aber Sie können sich dem Lernen widmen, wie Sie Ihre CPU optimieren können, da dies Ihnen erlaubt, eine bessere Leistung zu erzielen.

Diese Art von Alternative hängt stark von der Leistung Ihres Computers ab, so dass Sie schon nach kurzer Zeit die Früchte oder Ergebnisse Ihrer Mining-Aktivitäten sehen werden, da Sie Ihre Leistung steigern werden.

Aus diesem Grund wird das Mining von Monero als eines der einfachsten vorgestellt. Im Vergleich zu anderen Kryptowährungen ist die Anpassung der Ausrüstung minimal, aber man sollte immer im Hinterkopf behalten, dass das Mining alleine keine profitable Alternative ist, so dass die Teilnahme an einem Pool die bessere Lösung ist.

Ist Bitcoin-Mining schwierig?

Derzeit gibt es eine endliche Grenze, die Teil von Bitcoin ist, diese werden von Minern geschaffen, entweder durch Einzelpersonen oder einige Unternehmen, die Mining-Hardware besitzen, so dass Miner Belohnungen für ihre Arbeit durch die Kryptowährung selbst erhalten.

Aber um überhaupt einen Gewinn zu erzielen, muss man Leistung einsetzen, da man mehr Geld verdient, wenn man mit einer höheren Kapazität schürft. Für das Schürfen dieser Art sind spezielle Maschinen wie ASICs erforderlich, da sie die Berechnungen durchführen.

Die Funktion des Bitcoin-Minings folgt ebenfalls einem dezentralisierten System, d. h., das Mining soll sicherstellen, dass jede Transaktion verifiziert wird, so dass Sie jede Art von betrugsbedingter Zahlung vermeiden können, aber all dies erfordert Energie, damit das Bitcoin-Mining nützlich ist, und wird unter Hash pro Sekunde oder Hashrate gemessen.

Die Komplikation des Bitcoin-Minings basiert auf der Tatsache, dass mehr Computer in das Mining-Netzwerk integriert sind und dies die Rechenkapazität des Netzwerks erhöht, diese Art von Weg erhöht den Wettbewerb und führt dazu, dass es schwierig ist, die Belohnung zu finden, die Schwierigkeit, jede Berechnung zu machen, ist, dass die Möglichkeit, Blöcke zu erhalten alle 10 Minuten auftritt.

Wenn neue Blöcke in weniger als zehn Minuten erstellt werden, wie es im Jahr 2016 der Fall war, werden sie automatisch zurückgesetzt, was die Komplexität des Rätsels erhöht.

www.ingramcontent.com/pod-product-compliance
Lightning Source LLC
Chambersburg PA
CBHW070117230526
45472CB00004B/1301